ख्वाब, खयाल और ख्वाइश

PANKTIYAAN

अलीन भारती

मैं ये किताब मेरे हर एक पलों को समर्पित करता हूँ। छोटी उम्र से लिखने की ख्वाइश ने कई ख्वाब पिरोये और खयालों ने इसमें काफी साथ दिया। इश्क़ को काफी करीब से महसूस किया है और दूरी के एहसास ने भावनाओ को एकत्रित करने में मदद की है, जिसके लिए मैं वो हर एक इंसान को ये किताब समर्पित करता हूँ जो मुझसे कभी न कभी जुड़ा है, या तो मेरे सफर में साथ दिया है।

क्रम-सूची

भूमिका

मुझे कच्ची उम्र से लिखने का शौक रहा है। पहले मैंने वातावरण के लिए लिखा। और यह शुरू हुआ अकेले बैठे-बैठे, जब काफी कुछ महसूस कर उसे लिखने की इच्छा ने आज मुझे एक लेखक के रूप में ला खड़ा किया है। आज कई किताबो पर काम करके और कलाकार होते हुए, मैं काफी लोगों के करीब आया हूँ। इश्क़ को समझना इतना मुश्किल नही है, बस आपको ये एहसास होने चहिये की आप क्या महसूस करते हैं। मैंने भी किया है, और ये किताब उसी का रूप है। हर बार आपको सिर्फ एहसास होता है, किसी इंसान का जुड़ना जरूरी नही होता। लेखकों के लिए शायद ये अब आसान हो चुका है।

किसी परिस्थिति को समझना आसान नही है, पर आप उसके संग ही आगे बढ़ते हो । कच्ची उम्र की जिज्ञासा ने काफी कुछ सवालों को बनाया और उसके जवाब में मैंने लिखना शुरू किया, कभी किसी को समर्पित करने के लिए तो कभी महसूस हुई वाक्यो को लिखकर छोड़ देना ही एक रूप ले बैठा । "ख़्वाब, खयाल और ख्वाइश" किताब मेरी भावनाओ की प्रतिबिम्ब है। विद्यालय के कॉपी के पीछे लिखने से शुरू कर फिर डायरी तक आना, काफी उम्दा रहा अपने आप से बात करने का सफर। फिर सबसे छिपाने के लिए अपनी आवाज़ में रिकॉर्ड करना मुझे आज कविता पेश करने में मददगार साबित हुआ। काफी कुछ परेशानी के बाद, उन्न डायरियों को आग के हवाले करने के बाद, दोबारा लिखना शुरू करना ही मेरी एक नई जिंदगी सा शुरू हुआ।

परिचय

यह किताब अध्याय में बटी हुई है, सिर्फ इसलिए ताकि आपको यह पढ़ने योग्य लगे। किताब के अध्यायों के शीर्षक लेखक द्वारा सोच कर रखे गए हैं। उनका मूल विषय से कोई संबंध नही है। हालांकि, उनके शीर्षक के बारे में आपको किताब के आखिरी पृष्ठो में जानकारी मिल जाएगी ।

लेखक शौक से कलाकार हैं, सो हर एक पन्नो पर दिए चित्रों को रूप देने में भी वो शक्ष्म रहें हैं। उनकी किताबों के तरह ये किताब भी सरल हैं और अतिसूक्ष्मवाद में प्रस्तुत की हुई हैं।

पंक्तियों के भाव को अपने से जोड़ने के लिए लेखक के खुद को स्थिर रखने की सलाह दी है। अतः उनके अनुसार किताब को पढ़ने से पहले एक बार सरसरी निगाह से हो जाने की भी सलाह दी है ।

"अदृश्य सब है तभी, न धुंध है न धुआँ ,
पर मुमकिन हो गया है, क्योकिं न वक्त है न मन का कुआँ।"
-अलीन भारती

1. अल्पविराम

तेरे जिक्र होने से तक के इंतज़ार मे होती है इंद्रियां,
पांचों लग जाती है तुझसे इश्क़ करने में।

- - - - - - -

- - - - - - -

तुम्हारे झुमकों ने रोक लिया,
होंठों तक तो हम आ ही रहे थे।

- - - - - - -

मैं ठहरा हुआ पानी था,
तुम आये तो जैसे हलचल सी हुई ।
किसी दिन रुक से गये थे,
तुमने पूछा तो जवाब में इश्क़ आदत सी हो गयी ।
- - - - - - -

तुम्हे इश्क़ हो चुका है मुझसे ये स्वीकार कर ले,
मैं वक्त सा सच हो जाऊंगा ।
- - - - - - -

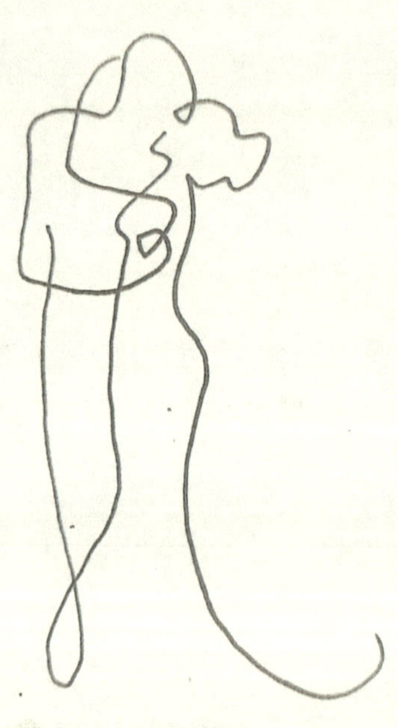

- - - - - - -

तेरे से सब छिपा ले जा सकता हूँ,
पर तेरे होने से तुझसे इश्क़ न करूं, ये न हुआ ।

- - - - - - - -

हवा से अधूरे हैं, भटके हैं,
तू नदी सा होकर भी मुझसे होकर गुजर जाती है ।
तूने एक बार कोशिश की होती,
मैं समुंदर बनने को तैयार हो जाता ।

2. उपस्थिति

अब तो ख्वाब भी बनने में समय लेते हैं,
अगर उसकी मौजूदगी महसूस न हो तो ।
- - - - - - - -
तू परेशान है मेरे हर एक नादानी से,
तुझे इश्क़ समझ आती है तभी तू मेरी हरकतें झेल जाती
है।
- - - - - - - -

- - - - - - - -

लब्ज़ भी बहानो के कितने उतारें,
उसने ज़िद भी एक होने की कर रखी है।

- - - - - - - -

तू समेट ले सब, मेरी बातें, मेरी सांसे, मेरी धड़कने,
मैं तुझे समेट कर खुद को पूरा कर लूंगा।

3. अपेक्षा

आहिस्ता ही सही,
काफी करीब से महसूस करने लगा हूँ उसे ।

- - - - - - - -

आवाज़ स्थिर है, और इश्क़ बेचैन बैठा है ।

- - - - - - - -

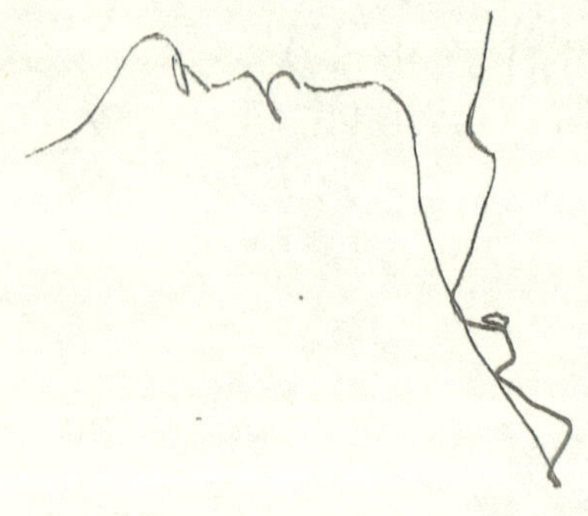

- - - - - - - -

प्यार किया भी हमने तो ऐसा, न उसे मना पाए, न उसे
भूल पाए ।

- - - - - - - -

मैं खूबसूरती की तारीफ करता हूँ, वो बस उसमे शामिल हो
जाती है।

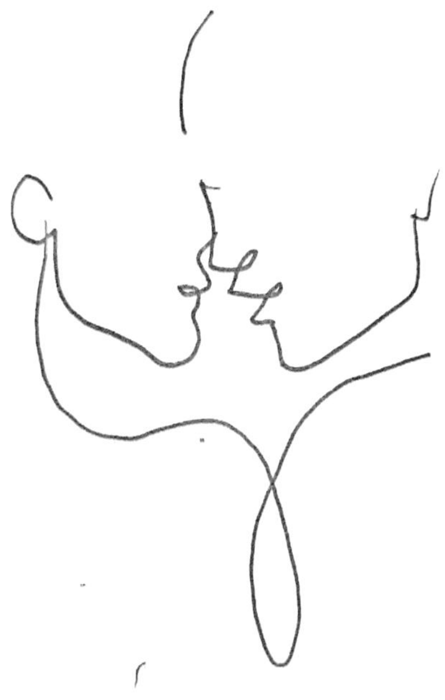

- - - - - - - -

ज़रा कठोर सा लिख लू,
पर वो मुस्कुरा कर पी जाए उसे,
शराब भी उतरी मेरे अंदर,
इश्क़ वो मेरे बदन पर उतार जाए।

4. वाजिब

इश्क़ भी जुठ बोलने सा है,
हो जाये पर छिपाना आ जाना चहिये ।

- - - - - - -

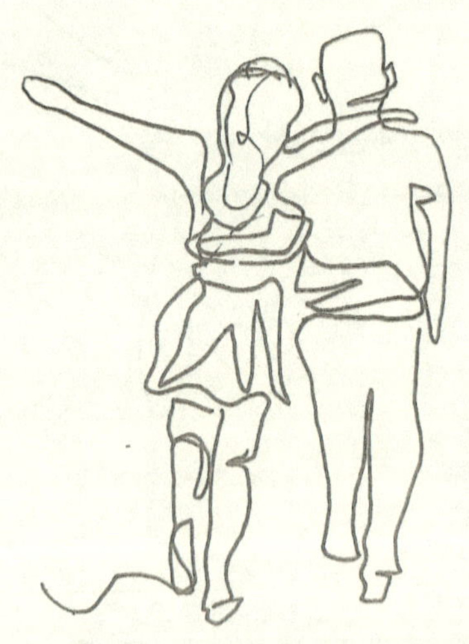

- - - - - - -

किसी दरख़्त की ओर झुकी थी सारी नज़रें,
न जाने कितनी ज़िंदगियाँ उसपर निर्भर थी ।

- - - - - - -

इश्क़ तराज़ू की तरह है,

उसे बराबर करने के लिए दोनों पक्ष में मिलाना-घटाना
पड़ता है ।

- - - - - - -

न इश्क़ समझ आया हमे, न तुम,
थोड़ा वक्त दिया होता, तुम भी मुश्किल नही थे न वो इश्क़।

- - - - - - -

- - - - - - -

आज हार गए फिर से, हताश से बैठे हैं,
कभी ये भी जरूरी है, पर बेचैन भी ऐसे है।

- - - - - - -

5. रू-ब-रू

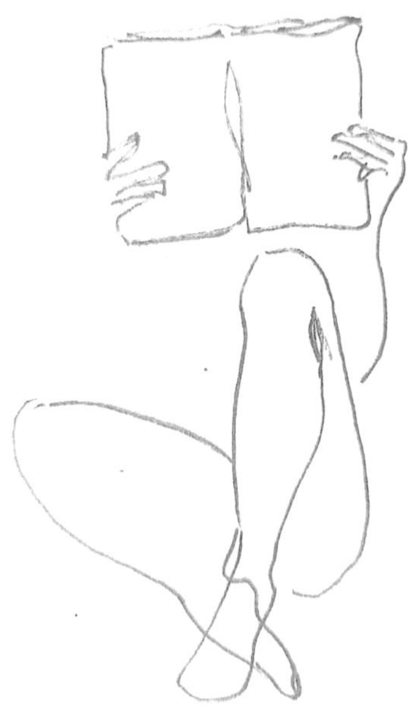

- - - - - - - -

आज हार गए फिर से, हताश से बैठे हैं,
कभी ये भी जरूरी है, पर बेचैन भी ऐसे है।

- - - - - - - -

क्या कहतो हो तस्वीर बने हम?,
ज़िंदा रहने दो, नज़ारों ने तो आंखे अब खोली है।

- - - - - - - -

इश्क़ देखो हमारी,
न बिखरी न छाई हुई है,
उसके लब्ज़ पर मेरा नाम रुक जाए,
बस, मेरे इश्क़ की इतनी गहराई है।

- - - - - - - -

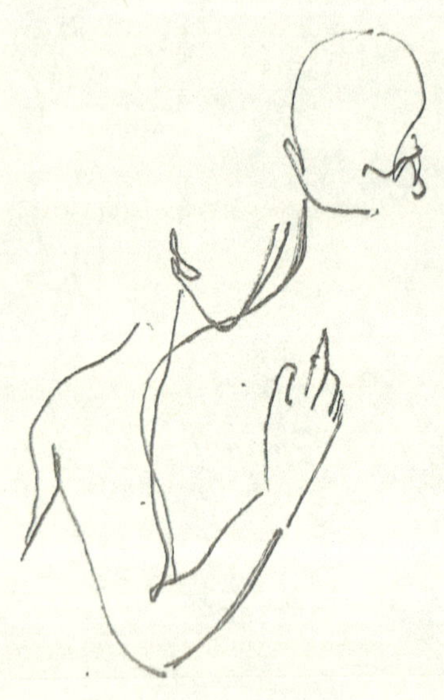

- - ख़याल - - -

लिफाफों में इश्क़ भर के दिया उसे,
जवाब में भी मुझे वक़्त पूछा गया।

- - - - - - - -

हर बार गुलाल या रंग से इश्क़ ढका नही होता,
कभी-कभी बातों और वक्त से भी रिश्ते मज़बूत किये जाते
हैं।

6. ख़ुशी

रंग उड़े, गुलाल में ये ज़िन्दगी लपेट लूँ,
इश्क़ भी इस हो जिंदगी से खुशियां वापस बटोर लूँ।
- - - - - - - -

देखें ज़रा वो कहानी कौन से है?
कल, शाम कौन सी है, और रात कौन सी है?
देखें ज़रा वो ख्वाब कौन सी है?
वो प्रयास कौन सी है, वो आस कौन सी है?
देखें ज़रा वो कहानी कौन सी है?

- - - - - - -

- - - - - - -

मैं हमेशा व्यस्त नही होता,
कभी कभी स्थिर हो जाता हूँ कुछ ना करके ।

- - - - - - -

ऐसे बैठे -बैठे हज़ारों कहानियां लिख दूँ
पर पढ़ने वाले के नज़र से लिखने में मैं कमज़ोर हो जाता
हूँ ।

- - - - - - -

पत्थर सा इश्क़ लिए फिर रहा था,
उसके आसूँ ने गिला कर नर्म कर दिया ।

7. उत्तर दिशा

ये खिंचाव देखो वक्त का,
मौत भी ज़रा सब्र कब साथ लाता है।

- - - - - - -

- - - - - - -

दोपहर की धूप दिवानगी नही,
पर शाम भी दोपहर के नाम अशिक्वि रखता है।

- - - - - - -

हर बार खयालात नही बदलती,
कभी कभी बस इस्थितियों के अनुसार अल्फ़ाज़ रूप बदल
लेते हैं ।

- - - - - - -

ज़रा आहिस्ता उसे देख लिया करना आसन सा है,
ख़ामोशी में जो हमेशा धुन लिए उसमे मौजूद होता हूँ मै.

- - - - - - -

आज ज़रा "सब्र" के साथ बैठा हूँ,
"कल" की गाड़ी ज़रा स्थिर से पकड़ूंगा ।

- - - - - - -

8. अंतराल

फिर से आये तो लगा बात और होगी,
समझ गया हूँ कि अब बात और है!

- - - - - - -

नरम सी हैं वो,
आँखों को भी सुकून दे जाती है |

- - - - - - -

न रास्ता अनजान है,न उसका घर,
बस अब वहां जाना नही होता।

- - - - - - -

- - - - - - - -

निंद भी इस कदर है,
सपने में सुकून को सजती है अब।

- - - - - - - -

ज़रा आहिस्ता खुद से बातें किया करता हूँ,
वो तो बस सुनने वाले ही चाह है जो उन्हें वो सुनाई देती
है ।

9. साथी

खैरियत फ़रमा रहे हैं सारे रास्ते,
बहती नदी सा जो गुज़र रहा हूँ ।

- - - - - - -

ज़रा नाज़ूक सी हैं वो,
उसे छूने से ज्यादा, आंखें भरकर देखना भी मुश्किल
लगता है।

- - - - - - -

- - - - - - -

कुछ वक्त निकालो तुम,
ज़रा मैं भी ठहर कर देखूँ क्या क्या छूट रहा है ।

- - - - - - -

वो मुझमे इस तरह उतरती है की खामोशी शोर करे,
पूरा शहर गूंजे पर मेरा मन खामोश रहे।

- - - - - - - -

- - - - - - - -

बताओ कैसी मुमकिन सी ये खुशी,
आंखे बंद हो तो उसे ढूंढना नही पड़ता।

10. मिज़ाज़

उसके हर एक लब्जों से पूछता हूँ अपना नाम,
वो मुस्कुरा कर रह जाती है।

- - - - - - - -

- - - - - - -

मैं अधूरा छोड़ूँ, वो पूरा करे,
वो अधूरा कहे, मैं पूरा सुनू ।

- - - - - - -

मेरी किस्मत में गुलाब से ज्यादा शब्द आये,
बिखरे -बिखरे से अर्थ आये, इस्थितियाँ आई,
उसके किस्मत में स्थिर सा वक्त आया,
हल-चल प्यार आया, उसकी पहचान आई।

- - - - - - -

- - - - - - - -

खामोश कर गए हो तुम, इस कदर मोहब्बत हुई हैं तुमसे
।

- - - - - - - -

लिख कर मिटाने की आदत थी उसकी,
जमाने से उससे पन्ना ही छीन लिया ।

- - - - - - - -

धागा भी नाज़ुक हैं और आंखें भी,
जानो जितनी उतनी भावुक भी ।

- - - - - - - -

इंतेज़ार भी कहानी है,
सबूत भी इंतेज़ार है ।

11. अनुभूति

हर बार कोई नई कहानी मुझसे रूठ जाती है,
मालूम नही अपना बचपन कितना अनजान था वास्तविक
ज़िन्दगी से।

- - - - - - -

- - - - - - -

सुना है मोहब्बत को हर कोई समझता है,
बस सवाल इतना रह गया कि वो कौन हैं?

- - - - - - -

किसी ज़माने में कोई लब्ज़ अधूरा रह गया होगा,
आज तक मोहब्बत के लिए, कल का घूंट पीना पड़ता है।

- - - - - - -

- - - - - - - -

कल की कहानी के लिए अब किसी का इंतेज़ार कर रहा हूँ,
देखता हूँ किसका हाथ मेरे हाथ से तकड़ाता है ।

- - - - - - - -

मुझे कई खत उड़ते नज़र आये,
जिसके पंख नज़र आये, वो किसी के हाथों पर ठेहरा हुआ
था।

12. फुरसत

हर बार साथ होते हैं,
काश हमारी कहानी में भी जिक्र कुछ ऐसा होता।

- - - - - -

- - - - - -

कुछ कहानियों को लिखकर आगे बढ़ जाना,

और कुछ कहानियों में खुद को डालकर भूल जाना, ये दो
अलग अलग
रचनात्मकता हैं ।

- - - - - - -

हर ख़्वाइश किताब हो चुकी है,
ज़िन्दगी कुछ इस तरह चल रही है।

- - - - - - -

- - - - - - -

नज़ाकत देखो शाम का,
सुबह के लिए ढलना भी इश्क़ समझता है ।

- - - - - - -

जितनी अलग थी वो,
उतनी ही मेरे करीब हो गयी।

- - - - - - -

13. इच्छा

- - - - - - - -

तुम्हारा हिस्सा अब कहानी में ज्यादा हो गया है,
अब खुद के सपनो में मैं अकेला नही होता।

- - - - - - - -

हर कहानी को कितना मोड़ोगे कोई नया वजूद देने को,
कभी तो कहानी पे छवि नई बनाना सीखना होगा।

- - - - - - - -

हर जगह हल चल है, जब तक उसका आना होता है।

- - - - - - - -

देखो शायद तुम्हारी पहचान आये उस तस्वीर पर,
मेरी आये तो ज़रा नरमी से पेश आना ।

- - - - - - - -

किसी जीत और हार के बीच,
प्यार को जगह बनाते देखा है ।

14. वास्तविकता

हर बार समेट कर बालू, वो अपना किला बनाता है,
और समुन्दर उसके दरवाज़े पर शंख छोड़ जाता है ।

- - - - - - -

उसका ज़िक्र मशहूर है उसके शहर में,
अब वहां मेरा भी आना-जाना होने लगा है ।

- - - - - -

हर रिश्ता नया होता है,
बस पुराने किस्से बोझ न हो तो ।

- - - - - - - -

हर बार खूबसूरती जीत जाती है,
बस अंदाज़ नया सा हो गया है,
कल आंखे सितारों सा हुआ करते थे,
आज चेहरा चांद सा होता है ।

- - - - - - -

इतनी खामोशी रखी हमने उस वक्त,
जब किसी से सबकुछ कह देना था ।

15. मौजूदगी

हर कहानी धुंध से ढकी होती है,
जब तक आंखों को उसकी मौजूदगी का एहसास न हो।

- - - - - - -

गम के बारिशों से पूछो,
खुशियों की धूप कितनी खूबसूरत होती है?

- - - - - - -

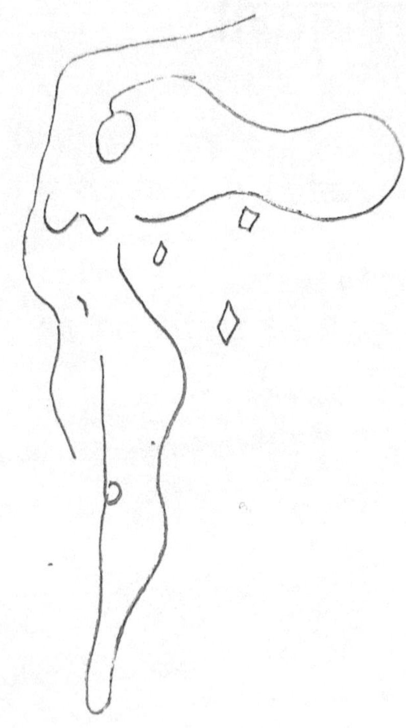

- - - - - - - -

इतनी कहानियाँ लिखी है,
पर उसका पसन्द आना भी ज़रूरी से हो गया है।

- - - - - - - -

ख्वाब लिखकर कुछ नही हुआ,
जब यादों ने जगह ले ली।

- - - - - - - -

धुआँ हो गए सारे खयाल,
मत पूछो कितने पन्ने जलाए अपने आंखों पर रखकर।

16. आहें

मेरा कम कहना तुम्हारे लिए,
मेरे शांत होने का सबूत कभी नही रहा ।

- - - - - - -

आहिस्ता आहिस्ता उसके करीब होते हैं सारे लम्हे,
उसे बस अपनाने नही आ रहा है।

- - - - - - -

कम से कम शौक रहने दो,
बहुत कुछ पीछे छोड़ कर आया हूँ जिसे मैं अपना कहता
था।

- - - - - - -

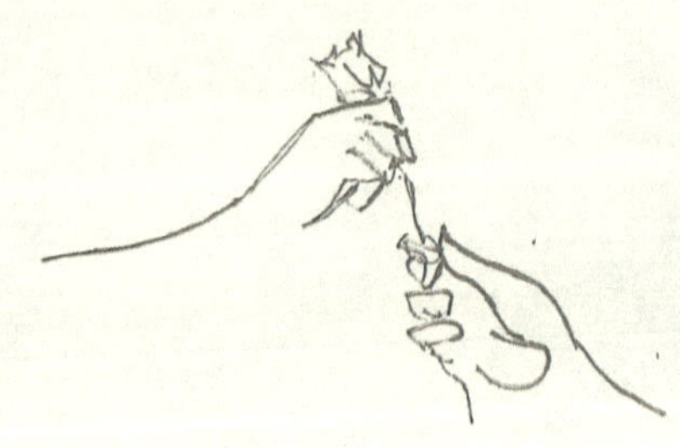

- - - - - - -

ज़रा तहज़ीब से अदा कीजिये अपनी मौजूदगी,

यहां कदम भी बिक जाते हैं और पसीने के हिसाब भी नही
लिया जाता।

- - - - - - -

शौक हमे भी है,
इश्क़ का भी और वक्त का भी।

- - - - - - -

उसकी कहानी का अधूरा किरदार था मैं,
उसने मोहब्बत में ऐसा उतारा, उसका मोहब्बत हो गया
मैं।

17. ओझल

हर वक़्त हम इश्क़ को क्या ज़िम्मेदार कहे,
कभी तो हमारा वक्त भी अनजान सा व्यवहार करता है।

- - - - - - -

- - - - - - -

मैं अपनी कहानियों में उसके जिक्र को संभाल नही सके रहा
था,
उसकी काबिलियत ने मुझे उसके ग़ज़लों-कविताओं में जगह
दे गई।

- - - - - - - -

उसकी टुकड़ी बनकर जुड़ी थी उससे,
न जाने उसने खुद को बनाना छोड़ दिया।

- - - - - - - -

खामोशी की आवाज़ सुनो, नींद अच्छी आती है ।

- - - - - - -

खुदा खुद गवाह बनकर चुप हो गया,
और वो मुझसे जवाब की फरमाइश करती है।

18. इत्मीनान

किसी खत से भारी हूँ,
कहानी हूँ किसी अधूरे लेखक का।-

- - - - - -

ज़रा उन्न पन्नो पर भी नज़र रख लेता हूँ,
जिन्हें आंखों के ठहराव की आदत है।

- - - - - - -

- - - - - -

तुझे करीब रखकर तुझे नींद दे जाऊं,
जिस वक्त मेरी नींद मुझे छोड़ जाए।

- - - - - -

हर बार कुछ लिखकर मिटा देना आसान नही होता है,
दिल से पूछना होता है, "मिटा दूँ?

- - - - - - - -

- - - - - - - -

सौंधी सौंधी खुशबू है उसमें,
मैं चाहूँ तो मौसम की पहली बारिश बन सकता हूँ।

रूमानी संबंध और लेखन या अनुभव

अल्पविराम

बहुत सी स्थितियों का जिक्र अधूरा देखा है मैंने, ऐसी बहुत सी परिस्थितयाँ जिम्मेवार होती है जिसमे अपने अनुभव से ही उसे समझा जा सकता है। अल्पविराम का प्रसंग भी कुछ ऐसा है यहाँ, जैसे कि मेरे लिए लेखन को वास्तविक जीवन से जोड़ना मुमकिन नही था, वो भी तब, जब आपके पास अनुभवों की कमी हो। किसी शौक और जिज्ञासा के बलबूते रुमानियत को समझना उतना ही मुश्किल सा था, जितना बिना समझे उसके बारे में सर हिलाना। मेरी लेखन तब एहसास के साथ जानी गयी, जब उसे मैंने कई लोगों को पढ़ाया बिना उनके जानकारी के की वो मैंने लिखी है।

उपस्थिति

किसी भी जगह को कुछ खास वजह से याद रखा जाता है, जिसमे मुमकिन है लोगों का आस पास होना भी कहीं न कहीं जरूरी हो गया है। मैंने वातावरण में हो रहे बदलाव को लिखकर उसे रुमानियत के तरफ मोड़ने की कोशिश करी, जिसमे मैं काफी वक्त बाद सफल हुआ। मेरे आंखों देखे हाल और लोगों का उसमे कई तरह से भाग लेना शामिल है, जैसे कि किसी लड़की का आस पास होना, किसी के ठहराव से सोच विचार में बदलाव होना भी मेरे लेखन में प्रभाव डालता रहा है।

अपेक्षा

काफी कुछ होने कस बाद भी बहुत कु छ पूरा नही हुआ। और इससे बात से मेरी पंकितियाँ टूट के कई बार बिखरी है। और यही वजह भी रहा है कि मैंने लिखना भी छोड़ा है वो भी कुछ रोमानियत से लिखकर।

"काफी दूर आ गए,
पर धुंध से बाहर आना नही हुआ अभी तक।"

वाजिब

जरूरी ये समझिए कि आपका भोजन करना उतना ही आवश्यक है जितना अपनी इंद्रियों का इस्तेमाल कर हर लंबहे को समझकर अपनी प्रतिक्रिया देना। ऐसे ही मैन भी अपनी कहानियों और कविताओं को रूप दिया। पर सबसे ज्यादा कठिनाई मुझे महसूस हुई है तो वो है वास्तविक एहसास को पन्नो के बीच लाना। शायद नज़र अंदाज़ करना मेरे लिए मुमकिन नही था कि किसी भी शोर के तरह रुमानियत भी मेरे कानों तक आई, पर घर करने के बजाए उसने अपनी पहचान ही नही दी। और मैं इस बात से अनजान रह गया कि इश्क़ और रुमानियत का काफी गहरा रिश्ता है और मेरे लेखन ने कई बार मेरे गुस्से और नापसन्द चेहरे को करीब से देखा ।

अंतराल

वक्त ही एक मात्र अनदेखा मूल्य है जिससे हर चीज़ पे असर होते देखा गया है। वो आप इश्क़, सोच, स्थिरता, मनोभाव, स्थिति,

परिस्थिति, पहचान, इत्यादि में प्रभाव पड़ते देख सकते हैं। पर हर क्षण के बीच कहीं एक ऐसा बदलाव होता है जिसे हम पकड़ कर समझने की कोशिश करे तो काफी कुछ मालूम पड़ेगा, इस रुमानियत वाली ज़िन्दगी में।

ख़ुशी

मैं रुमानियत से काफी वक्त बाद जुड़ा जब एहसास हुआ कि कुछ शब्दों के चयन वास्तविक जीवन के अनुभवों के बाद बदल जाते हैं। अब खुल कर कहना ये उतना ही मुश्किल है जितना पहली बार अपने इश्क़ का इज़हार करना। मेरे लेखन को सराहना काफी पहले से मिलने लगी थी, बस मेरा नाम उसमे छुपा था, क्योंकि रुमानियत को खुले लिखने की समझ से मैं दूर था। उसी पहचान कौन करता है या उसे कैसे लोगों के बिहसा ले जाये ये खयाल मुझे तब आया जब मैंने अपनी पहली 2-लाइनर एक पर्ची पे लिखकर एक लड़की के बैंगन पर रख दी थी और उसके प्रतिक्रिया ने मुझे और लिखने पे मजबूर किया। उस लड़की ने उसे अपने पर्सनल डायरी में लिखा और पेज टैग दाल दिया था।

    "मैं किसी मुस्कान की तलाश में हूँ,
शायद वो तलाश में इश्क़ हो जाए।"

रू-ब-रू

मैं किसी इंसान से तभी मिल सकता हूँ जब मुझे बहन पता हो। नही तो मैं बोलने योग्य होते हुए भी शर्मिला था। मैंने महसूस किया कुछ जहगाह पर मैं बेवकूफ रहा, क्योंकि मुझे चीज़ें समझ नही आती थी। कभी ऐसी प्रेस्ति आई ही नही की समझ सकू

इश्क़ में क्या क्या होता है या हो जाता है। बहरहाल कच्ची उम्र हो या वयस्क घबराहट तब बानी रहती है जब तक आप अपने भावनाओ को सामने वाले तक पहुचाने में सफल न हो। हुआ है मेरे साथ, हारे भी है और मजाक भी उड़ा है, पर उन्न वजहों ने मेरे शब्दों ने चार चांद लगा दिए जब मैंने दोबारा कोशिश किसी से अपने आपसे जुड़ने के लिए मनाया है। इंतज़ार मुश्किल हो सकता है, पर अस्थिरता कई रिश्ते खराब कर देती है, और उसी में फसने वाले इंसान को न ज़िन्दगी पूछती है न इश्क़।

उत्तर दिशा

दिशा सबकी होती है, और सही की जानकारी आखिर किसने ही दी है। पर अगर कोई कहे कि कोई एक दिशा सफल करती है आपके प्रयासों को चाहे वो रुमानियत हो आपके जीवन मे, या लेखन हो, या कोई और ऐसी बात जिसमें कुछ हासिल करने के लिए दिशाहीन होना नुकसान दायक हो सकता है। मैंने अपनी डायरी और कुछ लड़कियों को उत्तर दिशा समझकर उनसे आग्रह कर था कि वो अपने विचारों को मेरे से बाटें। ऐसे सुधरी मेरी पंक्तियाँ और मेरी वास्तविक जीवन की रुमानियत।

साथी

किसी दोस्त से इश्क़ हो जाये तो पहले दुखी होने, उसे नादानी का रूप समझना फिर शिद्दतों के साथ उसके साथ आगे बढ़ जाना । पागलपन से लगा क्या? ऐसा ही होता है। पर एहि एक ऐसी बात नही है, किसी इश्क़ में गुनगुनाना सीखकर किसी को साथी सा जोड़ना भी कही न कही आपको इश्क़ मस रुमानियत से मिलवाता

है।

"जुड़ तो गए है,
अब ठहर जाएं तो शायद हम साथ रहें।"

मिज़ाज़

"भूल गए सब,
अब तो मिज़ाज़ कुछ और ही कहता है।"

ये पंक्ति सीधे उस वक्त को छेड़ती है जब इससे बात का एहसास हो जाता है कि अब कोई रिश्ता आगे बढ़ने में शक्ष्म नही, पर फिर भी इस द्वंद में होता है कि शायद कोई वजह वापस उन्न पलों को बनाने में लग जाए।

अनुभूति

अनुभव से कौन नही आगे बढ़ा है चाहे वो किसी भी चीज़ में हो। पर गांव के सील सिले ने काफी कुछ पूरा किया है ऐसे वक्त में। मैं जिस इश्क़ से जुड़ा था उसे मैंने कइयों को भी महसूस करते देखा, और यहीं से मैंने सभी के लिए लिखना शुरू किया।

"हर वक्त से वंचित हूँ,
शायद इश्क़ को अब करीब से देखने की बारी है।"

धुन और वातावरण दो बहानों के तरह मेरे शब्दों में मिल गए और फिर उसे मैंने सामने वाले के लिए लिखना शुरू किया।

वास्तविकता

किसी भी अनुभव को महसूस करना दोनों भाव प्रकट करता है एक अच्छा या दूसरा खराब। पर ज़िन्दगी के किसी स्थिर पहचान को वास्तविकता से मेल होना कहते हैं। हर एक इंसान के किसी हिस्से में इश्क़ को इस तरह समझने की जरूरत है कि वो आवश्यक भी है और लालच भी न हो।

पर क्या हो अगर इश्क़ गहराई को नाप रही हो। तब शायद परिस्थितियों को समझकर आगे भेदना ही समझदारी होती है।

फुरसत

स्थिर होक देखा हूँ, तो पता चला इश्क़ भी कभी कभी भागती ज़िन्दगी से थक कर धीमी साँसों की मांग करता है। और अगर वक्त है तो ज़रा सामने वाले को दिया जाना चाहिए। कई बार समझना जरूरी है कि हम भागते भागते अपने रिश्ते को किस तरह आहत पहुँचतें हैं। जिक्र सिर्फ आपके होने लगे तो भी सही नही और आपका हो ही नही वो भी सही नही।

"तुम्हे वक्त दिए वक्त हो गया,
आज एहसास हो रहा है, मेरी थकान कैसे मिट जाया करती थी।"

इच्छा

इच्छा अनुसार को नही चलना पसन्द किया है। मैं भी वक्त मिलने पर उसपे हो लिया करता हूँ। वैसे इसे इस समझा जाये तो बेहतर होगा कि रुमानियत को अगर बेहतर समझना हो तो वक्त बिताने सीखना बहुत जरूरी है। इच्छाओं से समझदारी आती है कोई भी रिश्ते में। अपने आपको रोकना बेवकूफी है, साफ खयालों के साथ अपनी इच्छा जाहिर करने से रिश्ते में सवालों का उतना

कम होता है, हालांकि ये निर्भर करता है रिश्तों में। मुझे इश्क़ में कुछ अधिकार भी जायज़ से लगे जब सामने वाले ने स्वीकार कर उसे पूरा करा। इश्क़ कैसे हो गया से ज्यादा महत्वपूर्ण ये है कि इश्क़ किश इच्छा पे निर्भर है।

आहैं

"ठहर कर देखा और आहें भारी,
तुम्हारे गले लगाते ही सब वापस से भरी भरी लगने लगी।"

मौजूदगी

या तो अर्थहीन है सब या उनकी मौजूदगी ने मुझे यहाँ तक ला खड़ा किया है कि आज की रुमानियत का हिस्सा हूँ मैं। कैसी एहसासों को साथ रखे या किसी अपना से कहे, मुश्किल है, और इस बात को झुठलाया नही जा सकता किसी के मौजूदगी से रिश्ते में रुमानियत को एक नया और गहरा रूप मिलता है।

"आहिस्ता ही सही,
करवट बदलने से फर्क तो पड़ता है उसे।"

ओझल

आंखों से कुछ दूर नही, बस कुछ वक्त रुक जाना पड़ता है। पर रिस्ते को कमज़ोर होतर हुए देखना शायद हर किसी के लिए नया नही होगा अब। इस बात को स्वीकार करने की जरूरत है कि एक वक्त वो आता है जब आपको कुछ फैसले लेने होते हैं जिसका अर्थ निकलता हो उस परिस्थिति में। नादानी कुछ वक्त तक सही

होती है, पर विचारों में मद-भेद होना जायज़ है समय के साथ दोनों इंसानों में जो एक रिश्ते में बंधे हैं। पर एक ठोस रिस्ते में लिया जाने वाला एक ठोस फैसला जीवन के धुंध को आत्फ़ करता है।

"क़क्त अनजान से मालूम पड़ते हैं अब,
बचपन गुज़र चुका है अब इस इश्क़ का।"

इत्मीनान

काफी वक्त से पहचान न होना घबराने वाली बात नही है। हर एक वक्त कुछ न कुछ नया लेके आता है। अब बात ये हो चली है कि स्थिर कौन है ऐसे वक्त में? इश्क़ को बदलते देखते हैं लोग, शायद कुछ ही हैं जिन्हें स्थिर रहना आ जाता है। पर क्या वो इसे दूसरे को सीख सकते हैं? नही। अपनी कहानी का कहानीकार होना आसान है, पर दूसरे कहानी को बिना समझे या जाने उसके किरदार या खुद कहानी को छेड़ना समझदारी नही है।

रूमानियत को इस तरह समझा जाना चहिये -
"बस जी लिया इसे, कई लंबहे बटोरे हैं,
अब बारी है आगे बढ़कर कुछ अलग स्वीकार करने की।"

www.ingramcontent.com/pod-product-compliance
Lightning Source LLC
Chambersburg PA
CBHW020936160726
47993CB00007B/2818